BEI GRIN MACHT SICH IHR WISSEN BEZAHLT

Bibliografische Information der Deutschen Nationalbibliothek:

Die Deutsche Bibliothek verzeichnet diese Publikation in der Deutschen National-
bibliografie; detaillierte bibliografische Daten sind im Internet über http://dnb.d-
nb.de/ abrufbar.

Impressum:

Copyright © 2019 GRIN Verlag
Druck und Bindung: Books on Demand GmbH, Norderstedt Germany
ISBN: 9783346034953

Dieses Buch bei GRIN:

https://www.grin.com/document/501254

Anonym

Psychologie des Gesundheitsverhaltens. Bessere Zielerreichung durch Selbstwirksamkeit

GRIN Verlag

GRIN - Your knowledge has value

Der GRIN Verlag publiziert seit 1998 wissenschaftliche Arbeiten von Studenten, Hochschullehrern und anderen Akademikern als eBook und gedrucktes Buch. Die Verlagswebsite www.grin.com ist die ideale Plattform zur Veröffentlichung von Hausarbeiten, Abschlussarbeiten, wissenschaftlichen Aufsätzen, Dissertationen und Fachbüchern.

Besuchen Sie uns im Internet:

http://www.grin.com/

http://www.facebook.com/grincom

http://www.twitter.com/grin_com

Deutsche Hochschule für

Prävention und Gesundheitsmanagement

Hermann Neuberger Sportschule 3

66123 Saarbrücken

Einsendeaufgabe

Fachmodul: Psychologie des Gesundheitsverhaltens

Studiengang: BA Gesundheitsmanagement

Semester: **SS 19**

Inhaltsverzeichnis

1   Selbstwirksamkeitserwartung

1.1   Definition Selbstwirksamkeitserwartung

Laut J.W. Egger (2015, S.284) ist die Selbstwirksamkeitserwartung oder auch Kompetenzerwartung die Überzeugung, durch eigene Fähigkeiten Handlungen ausführen zu können, die zu gewünschten Zielen führen. Durch mehrere Untersuchungen wurde aufgezeigt, dass Menschen, die einen starken Glauben an ihre eigenen Fähigkeiten und Kompetenzen aufweisen, eine größere Toleranz gegenüber Leistungsaufgaben haben und schwächere Empfindlichkeit gegenüber Depressionen und Angststörungen aufweisen. Ursprünglich lässt sich die Theorie der Selbstwirksamkeit auf die sozial-kognitive Lerntheorie von Albert Bandura (1977) zurückführen. Diese Theorie besagt außerdem, dass „kognitive, emotionale und aktionale Prozesse durch subjektive Überzeugungen gesteuert" werden (Jerusalem & Schwarzer, 2002, S.35). Es geht hauptsächlich darum, wie der Mensch in bestimmten Situationen reagiert, welche Erfahrungen er mitgenommen hat und wie groß der eigene Glaube und die Motivation an sich selbst sind, um eine Situation unter bestimmten Umständen zu bewältigen. Sobald ein Mensch von sich selbst überzeugt ist, eine Herausforderung zu meistern, wird er sich mehr anstrengen und ein höheres Durchhaltevermögen aufzeigen (Bandura, 1997). Somit besagt diese Theorie, dass man nur erfolgreich sein kann, wenn man sich etwas zutraut und eine positive Einstellung aufzeigt.

1.2 Messung spezifischer Selbstwirksamkeitserwartung zum Thema „Gesunde Ernährung"

1.2.1 Beschreibung der Testprobanden

Für die Messung der individuellen Kompetenzerwartung wurden fünf Testpersonen unterschiedlichen Alters, unterschiedlicher Körpermaße und unterschiedlichen Berufsfeldern ausgewählt.

→ Testperson Eins ist weiblich, 59 Jahre alt, 169cm groß, 75kg schwer und übt eine sitzende Tätigkeit mit wenig Bewegung im Arbeitsalltag aus.

→ Testperson Zwei ist weiblich, 22 Jahre alt, 175cm groß, 73kg schwer und hat ebenfalls eine Tätigkeit bei der sie viel sitzend arbeiten muss.

→ Testperson Drei ist männlich, 32 Jahre alt, 183cm groß, 82kg schwer und übt eine Tätigkeit aus, bei der er ganztägig viel Bewegung hat und kaum sitzt.

→ Testperson Vier ist männlich, 28 Jahre alt, 189 cm groß, 93kg schwer und arbeitet ausschließlich im Sitzen.

→ Testperson Fünf ist weiblich, 19 Jahre alt, 163 cm groß, 60 kg schwer und arbeitet abwechselnd im Sitzen und mit viel Bewegung.

1.2.2 Darstellung der Ergebnisse

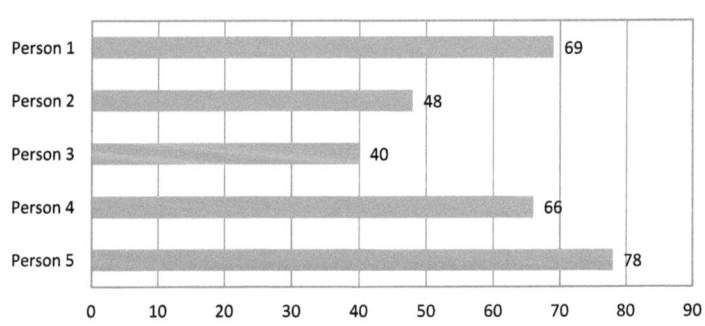

Abbildung 1: Darstellung des Summenscore zur Messung der spezifischen Selbstwirksamkeit zum Thema Gesunde Ernährung (eigene Darstellung)

Anhand eines Fragenkataloges zur Messung spezifischer Selbstwirksamkeitserwartung nach Gölz (Gölz et al., 1998, S.29) wurde ein Fragebogen zur Selbstwirksamkeitserwartung zu gesunder Ernährung entworfen. Der Bogen enthält 18 Aussagen zu denen jeweils fünf Antwortmöglichkeiten zur Verfügung stehen (1: garnicht sicher bis 5: ganz sicher) In dem nachfolgenden Diagramm werden die individuellen Ergebnisse der Probanden dargestellt. Je höher der Endwert der angegebenen Antworten, desto höher ist die individuelle spezifische Selbstwirksamkeitserwartung der einzelnen Testperson.

1.2.3 Bewertung der Ergebnisse

Die Antworten der jeweiligen Probanden wurden summiert, um ein Testergebnis zur Selbstwirksamkeit zu ermitteln. Der Mittelwert der Auswertung liegt bei einer Summe von 60 Punkten. Die maximal zu erreichende Punktzahl liegt bei 90 Punkten. In dem Diagramm ist gut zu erkennen, dass die Testpersonen Eins, Vier und Fünf mit der Summe von über 60 Punkten im oberen Bereich der Auswertung liegen und somit über eine erhöhte Selbstwirksamkeitserwartung zum Thema „Gesunde Ernährung" verfügen. Es zeigt sich, dass diese drei Probanden somit auch in erschwerten Situationen mit Beteiligung von Freunden und Familie die Fähigkeit besitzen, sich gesund zu ernähren und ihre Selbstwirksamkeit erhalten können. Auffällig hier ist, dass die Probanden Eins, Vier und Fünf aus einem gesundheitsorientierten Umfeld stammen und arbeiten und somit das Thema der gesunden Ernährung tagtäglich eine große Rolle spielt. Bei Person Zwei und Drei liegt der Wert bei 48 und 40 Punkten. Hier ist die Selbstwirksamkeitserwartung eher niedrig. Die beiden Probanden sind somit eher misserfolgsorientiert und verzichten in den verschiedensten Situationen (Familienfeier, Freunde, Umgebung, Emotionen) auf gesunde Ernährung.

1.3 Recherche zum Thema Selbstwirksamkeitserwartung anhand Vergleichsstudien

Tabelle 1: Tabellarische Gegenüberstellung der Studien zum Thema Selbstwirksamkeitserwartung

	Dohnke et al. (2006)	Schneider & Rief (2007)
Fragestellungen	→ Haben Ergebniserwartung und Selbstwirksamkeitserwartung (Motivationen während der Reha) einen positiven Einfluss auf die Rehabilitation der	→ Steigert sich die Selbstwirksamkeitserwartung bei Patienten mit somatofomer Schmerzstörung durch einen Therapieerfolg?

	Probanden nach einer Hüft-TEP? → Wie wirken sich der körperliche Zustand und das emotionale Wohlbefinden auf die Erwartungen zu Beginn der Rehabilitationsmaßnahme aus?	→ Wie wirken sich Erfolge in diesen Bereichen aus?
Stichprobe	Untersucht wurden 1065 Patienten mit Hüftgelenksersatz aus 13 orthopädischen Reha-Kliniken. 60% der Teilnehmerzahl waren Frauen. Das Alter betrug im Durchschnitt 64,58 Jahre. Als Hauptdiagnose ist eine Hüftarthrose bekannt, sie lag bei 92% der Patienten vor. Die Rehabilitationsmaßnahme begann im Durchschnitt 21,56 Tage nach der OP und betrug eine Durchschnittsdauer von 22,64 Tagen.	Untersucht wurden 319 Probanden. Sie waren im Durchschnitt 47,9 Jahre alt und der weibliche Anteil der Patienten betrug 85,1%. Der Durchschnitt von ihnen blieb 38,4 Tage in stationärer Behandlung und hatte 2,6 Diagnosen im Entlassungsbericht stehen. Die Rücklaufquote ergibt bezogen auf Aufnahme und Entlassung 93,1%
Materialien/Test	Drei Fragebögen zur Datenerhebung (T1-T3)	Zwei Fragebögen bei Aufnahme und Entlassung bei der stationären Behandlung. Vorgelegt wurden vier Theorien, die sich damit beschäftigen, wie sehr die Selbstwirksamkeit zunimmt. Hinzu kommen zwei Fragestellungen: 1) Üben die Verbesserungen direkten oder indirekten Einfluss auf die Selbstwirksamkeitserwartung aus? 2) Wie groß ist der relative Einfluss der einzelnen Bereiche.? Welcher Bereich übt den stärksten Einfluss auf die Steigerung der Sebstwirksamkeitserwartung aus?
Untersuchungsdesign	Prospektive Beobachtungsstudie. Die Patienten erhielten jeweils zum Zeitpunkt T1 Rehabeginn, T2 Rehaende und T3 sechs Monate nach Entlassung einen Fragebogen. In den ersten beiden Fragebögen wurden Alter, Geschlecht, Schmerzen, eingeschränkte ADL- Funktionen (beide T1 und T2) , Ergebnis- und Selbstwirksamkeitserwartungen (T1), Depressivität, behandlungsbezogene Erfahrungen, sowie Arztangaben zum körperlichen Gesundheitszustand erhoben. Die Fragen bezogen sich auf die	Zwei Messzeitpunkte (Aufnahme und Entlassung) Feldstudie mit Stichprobe

	Schmerzsymptomatik am operierten Hüftgelenk und die dadurch entsandenen Einschränkungen der Alltagsaktivitäten, Behandlungserwartungen und den körperlichen Gesundheitszustand. Die Erfassung und Auswertung erfolgte durch numerische Skalen.	
Hauptergebnisse	Die Analyse gibt an, dass Patienten, die zu Beginn der Reha (T1) eine hohe Selbstwirksamkeitserwartung und eine positive Ergebniserwartung aufzeigten, am Ende der Rehabilitationsmaßnahme ein besseres Ergebnis und weniger ADL Einschränkungen erzielten als die Patienten, die nicht positiv eingestellt waren.	Diese Feldstudie gibt an, wie wichtig es ist, eine gute Schmerzbewältigungsstrategie zu entwickeln, um ein schmerzfreies und erfolgreiches Ergebnis zu erzielen. Die Studie bestätigt die Theorie, dass Schmerzbewätigungsstrategien in großem Maße indirekt wirken und vor allem über die Reduktion der schmerzspezifischen und allgemeinpsychologischen Beeinträchtigungen, sowie die direkte Erfolgseinschätzung wirken.

In den oben verglichenen Studien geht es hauptsächlich um das Thema Selbstwirksamkeitserwartung und Ergebniserwartung, sowie deren Auswirkungen und Beeinflussungen, sich diese Erwartungen anzueigenen. Dohnke et al. beschäftigen sich mit dem Einfluss von Ergebnis- und Selbstwirksamkeitserwartung auf die Ergebnisse einer Rehabilitation nach Hüftgelenksersatz. Die zweite Studie wurde von Jessica Schneider und Winfried Rief erstellt und beschäftigt sich mit den Selbstwirksamkeitserwartungen und Therapieerfolgen bei Patienten mit anhaltender somatoformer Schmerzstörung. Im Vergleich zur ersten genannten Studie mit 1065 Teilnehmern nahmen an der Feldstudie von Schneider und Rief nur 319 zufällig gewählte Patienten teil. Durch diese geringe Teilnehmerzahl ist es schwieriger die Aussagen und Ergebnisse der Studie zu werten, da das Endergebnis durch Messfehler oder Falschangaben eine größere Gewichtung aufzeigt. Auffällig in der ersten Studie ist, dass in der Ergebnisauswertung der Messzeitpunkt T3 (Sechs Monate nach Rehabilitationsende) nicht berücksichtigt wurde. Somit ist es fraglich ob der Erfolg der Studie wirklich so groß ist, da hier die Langzeitwirkung nicht miteinberechnet wurde. In beiden Studien wurde sehr genau gearbeitet und durch exakte Auswertungen, numerische Ratings und abhängige Variablen festgestellt, dass eine hohe Selbstwirksamkeitserwartung und Ergebniserwartung zu einem positiven Heilungsprozess und geringeren Einschränkungen im Alltag führen.

2 Literaturrecherche zum Thema „Chronische Erkrankungen"

2.1 Definition „Chronische Erkrankungen"

Als chronische Erkrankungen werden langandauernde, wiederkehrende und nicht vollständig geheilte Krankheiten bezeichnet, welche über Monate bis Jahre hinweg verlaufen können. Koronare Herzerkrankungen, Schlaganfälle, Diabetes, Atemwegserkrankungen, Osteoporose, Krebs, Allergien, als auch rheumatische Erkrankungen zählen dazu. Grundsätzlich lassen sich chronische Erkrankungen in drei Arten unterteilen: Chronisch- kontinuierliche Erkrankungen, chronisch progrediente Erkrankungen und chronisch-rezidive Erkrankungen (Steffers & Credner, 2006, S 10-11). Das Problem von chronischen Erkrankungen ist die unbekannte Ursache. Im Vergleich zu einer akuten Erkrankung besitzt die chronische keine Warnfunktion und es wird kein Hinweis gegeben, wie man eine Schädigung des Körpers verhindern kann. Hierbei können lediglich die Symptome gelindert werden und nicht systematisch in die Heilung eingegriffen werden. Eine chronische Erkrankung wird durch emotionale, soziale und psychosomatische Konsequenzen begleitet und die Lebensqualität der Patienten sinkt (Pieter, 2014).

2.2 Theoretische Grundlagen und Entstehung von Asthma

Laut F. Petermann (2004) ist Asthma bronchiale eine chronisch entzündliche Erkrankung der Atemwege, die durch eine Überempfindlichkeit der Bronchien gekennzeichnet ist. Die entzündete Schleimhaut der Bronchien ist die eigentliche Ursache der Erkrankung. Durch spezifische und unspezifische, exogene und endogene Reize wird diese Überempfindlichkeit ausgelöst. Allergene, hauptsächlich Eiweißstoffe, zählen zu den spezifischen Reizen, die dem Körper äußerlich zugeführt werden und eine Sensibilisierung des Immunsystems zur Folge haben und somit eine Allergie auslösen. Bei entsprechend veranlagten Menschen kann fast jeder Stoff als ein Allergen wirken. Pollen, Nahrungsmittel, Hausstaub, Tierhaare uvm. zählen zu den bekanntesten Allergenen und können durch Hautkontakt, Einatmen oder Injektionen in den Körper gelangen. Im Körper findet dann eine allergische Reaktion unterschiedlicher Grade statt. Kälte, Stress, oder trockene Luft zählen zu den unspezifischen Auslösern und können ebenfalls einen Asthmaanfall verursachen. Asthma zeigt einen variablen Verlauf, das heißt, dass die Beschwerden in unterschiedlichem Ausmaß verlaufen. Im Mittelpunkt der Beschwerden steht die plötzliche Atemnot. Hier geht es allerdings weniger darum, dass der Patient keine Luft mehr bekommt, sondern Beeinträchtigungen bei der Ausatmung aufweist. Weniger Luft wird ausgeatmet als eingeatmet und die Lunge bläht sich auf. Hierdurch kommt es zu einer Reduzierung des Gasaustausches in der Lunge und es tritt eine nicht umkehrbare Schädigung der Lunge ein (Petermann, 2004).

Die Atemnot kann durch viele beeinflussende Reize und Prozesse entstehen. Ein Patient mit Veranlagung wird mit einem Reiz konfrontiert und damit kommt es zu einer Schwellung der Bronchialschleimhaut. Diese sondert nun Sekret ab und das geschwollene und entzündete Gewebe setzt Botenstoffe frei, die die Muskulatur der Bronchien verkrampfen lassen. Das Sekret kann schwer abgehustet werden und verstopft die Bronchien. Hierbei kommt es beim Patienten zum vermehrten Husten und die Angst zu ersticken wird durch die Atemnot größer. Solche Anfälle können innerhalb weniger Minuten entstehen und bis zu ein paar Stunden anhalten. Druckgefühle in der Brust, pfeifende Atemgeräusche, und vermehrtes Husten können wichtige Anzeichen für einen bevorstehenden Asthmaanfall sein. Ein Anfall lässt sich in vier Stufen gliedern: Intermittierendes Asthma, das leichte, mäßige und schwere Dauerasthma (Petermann, 2003).

2.3 Zahlen und Daten zum Thema Asthma

Laut Buhl et al. (2006) ist Asthma eine der häufigsten chronischen Erkrankungen, die bei vier bis fünf Prozent der Erwachsenen und bei ca. zehn Prozent der Kinder in der Bundesrepublik Deutschland auftreten. Bei Kindern zählt Asthma zu den häufigsten chronischen Erkrankungen überhaupt. Die Ausbreitung der Krankheit hat im Vergleich zu den Erwachsenen bei der kindlichen Bevölkerung stark zugenommen. Studien haben bewiesen, dass die Asthma-Prävalenz in den westlichen Ländern fast zum Stillstand kommt und die Mortalität in Deutschland in den letzten zehn Jahren um ein Drittel abgenommen hat. Aus wirtschaftlicher Sicht hat Asthma eine sehr große Bedeutung. Pro Jahr „wurde ein Gesamtbetrag von 2,6 Milliarden Euro" an Krankheitskosten ermittelt (Buhl et al., 2006 S.7). Die Verteilung dieses Betrages richtet sich nach den verschiedenen Schweregraden des Asthmas.

2.4 Präventions- und Interventionsprogramme zur Reduktion von Asthma

Es gibt verschiedene Maßnahmen, die zur Primärprävention von Asthma beitragen. Durch Elterninformation und Beratung, Stillen im Säuglingsalter sowie Vermeidung von Passivrauchen kann das Auftreten von Asthma reduziert werden. Die Krankheit an sich kann nicht durch einzelne Maßnahmen verhindert werden, somit müssen mehrere Interventionsmaßnahmen durchgeführt werden. Der Hinweis auf Rauchverzicht in der Schwangerschaft und danach ist indiziert (Becker et al., 2004). Tierhaare gehören ebenfalls zu den Allergenen, deswegen sollte die Haltung von Nagern und Katzen vermieden werden. Eine weitere Maßnahme ist die Allergieprävention. Hierzu zählt die Schaffung eines allergenarmen Umfeldes und die Ernährrung von Mutter und Kind (Schäfer et al., 2004). Im Bereich der Sekundärprävention zählen die Früherkennung von Symptomen und die Sensibilisierung zu erprobten Maßnahmen.

Ebenfalls können körperliche Trainingsprogramme zu einer Verringerung der Asthmasymptomatik und der Verbesserung der Belastbarkeit führen. Als Beispiele sind hier Lungensportgruppen oder stationäre Rehabilitationsprogramme zu nennen. Bezogen auf die Tertiärprävention können Impfungen und Immuntherapien in Erwägung gezogen werden (Buhl et al. 2006).

2.5 Asthma und körperliche Aktivität

Mehrere Studien haben sich mit dem Thema Sport und Asthma beschäftigt. Laut Fink et al. (1993) konnte durch körperliche Aktivität eine Steigerung der maximalen Sauerstoffaufnahme, des Sauerstoffpulses und der anaeroben Schwelle erreicht werden. Zudem wurde aufgezeigt, dass bereits ein Training in der Woche die körperliche Leistungsfähigkeit verbessert. Die deutsche Asthmaleitlinie weißt auf „geeignete körperliche Trainingsprogramme"(Buhl et al. 2006, S. 139) hin, um die Asthmasymptomatik zu verringern und die Belastbarkeit der Patienten zu verbessern. Sportarten mit Pressatmung, wie Gewichtheben und Kampfsport, sollten vermieden werden. Ausdauer und Spielsportarten hingegen sind für Asthmatiker gut geeignet.

2.6 Konsequenzen für eine gesundheitsorientierte Beratung

Der Berater sollte direkt von Anfang an ein gutes Verhältnis und eine gute Vertrauensbasis zum Patienten aufbauen und auf die Wünsche und Bedürfnisse eingehen. Die erarbeitenden Ziele sollen möglichst realistisch gewählt sein, um eine zu hohe Erfolgserwartung beim Patienten auszuschließen. Wichtig hierbei ist, dass der Berater sich ausreichend und effektiv über das Thema informiert hat, um genügend aufklären zu können.

3 Gesundheitspsychologische Beratung

3.1 Einordnung der Kundin in den Prozess der Verhaltensänderung

Für das gesundheitspsychologische Beratungsgespräch habe ich mich für das erste Fallbeispiel zum Thema „Übergewicht" entschieden. Frau M. ist eine 30 Jährige Sekretärin und hat zwei Kinder im Alter von sieben und 14 Jahren. Sie arbeitet 20 Stunden in der Woche und gibt an, dass sie sich früher regelmäßig sportlich betätigt hat, allerdings mittlerweile die Zeit ihrer Familie widmet und somit der eigene Sport zu kurz kommt. Zur Folge isst sie sehr unregelmäßig und ungewohnt und ist seitdem mit ihrer Figur unzufrieden und möchte ihr Gewicht reduzieren.

3.1.1 Das Transtheoretische Modell

In den letzten Jahren wurden einige Modelle des Gesundheitsverhaltens entwickelt, um Verhalten und Veränderungen von Menschen zu erklären. Das Transtheoretische Modell beschreibt die Verhaltensänderung eines Menschen in fünf Phasen, die sogenannten „Stages of Change" (Schwarzer, 2004, S.86). Die erste Stufe stellt die Absichtslosigkeit dar, es geht über in die Absichtsbildung und in Stufe drei springt der Mensch in die Vorbereitung. Stufe vier stellt die Handlung und Stufe fünf die Aufrechterhaltung des Verhaltens dar. Bezogen auf das gewählte Fallbeispiel befindet sich Frau M. in der zweiten Stufe der Verhaltensänderung, der Absichtsbildung. Frau M. ist sich bewusst, dass die fehlende Zeit dazu geführt hat, dass sie ihren Sport vernachlässigt hat und somit in das Übergewicht geführt hat. Daraus resultierend fühlt sich Frau M. unzufrieden und möchte ihr Gewicht reduzieren. Da sie aber nicht weiß, wie sie zu einer Reduktion kommt, benötigt sie eine Beratung.

3.1.2 Gesundheitspsychologische Ziele

Eines der wichtigsten Ziele in der Beratung von Frau M. ist die Motivation. Es sollten die positiven Folgen ihrer Verhaltensänderung aufgezeigt werden, damit bei ihr eine Motivation zur Verhaltensänderung entsteht, die dann im Veränderungsprozess weiterhin gefördert werden kann. Innerhalb des Gespräches mit Frau M. sollte man ihr klare und realistische Ziele setzten. Hierzu muss das Ziel definiert sein, Vor- und Nachteile genannt und besprochen werden. Wichtig ist zudem der Zeitpunkt der Veränderung. Der Kundin sollte klar gemacht werden, dass die Verhaltensänderung zukünftig beginnt und das alte Verhaltensmuster in der Vergangenheit liegt.

3.2 Die Rolle des Beraters

Um das Gespräch möglichst erfolgreich zu gestalten, sollte der Berater dem Kunden als Bezugsperson zur Seite stehen, aufmerksam zuhören und auf die Fragen der Kundin eingehen und viele offene Fragen stellen, um das Gespräch zu führen. Der Berater benötigt möglichst viele Informationen über den Kunden und das nötige Vertrauen, deswegen ist die Kommunikation auf verbaler und nonverbaler Ebene enorm wichtig. Schon im ersten Moment des Aufeinandertreffens mit der Kundin entscheidet sich der Gesprächsverlauf und die weitere Zusammenarbeit (Hofbauer & Hellwig, 2018, S.78-79).

Auf Mimik, Gestik, Körperhatung, Stimme und Blickkontakt (Argyle, 2013, S.11-13) ist bei der nonverbalen Kommunikation stetig zu achten. Das aufrechte Stehen beim Berater zeugt von gesundem Selbstbewusstsein und gibt dem Kunden den Eindruck, dass er die momentane Gesprächssituation im Griff hat (Wirth, 2006, S. 401). Durch Sympathie und Überzeugung kann der Berater bei dem Kunden punkten und es kann eine positive Beziehungsebene aufgebaut werden. Als Berater sollte man die Fähigkeit besitzen die nonverbale Kommunikation des Gesprächspartners zu verstehen und darauf angemessen reagieren zu können. Wichtig ist, dass der Berater in die Rolle des Coaches schlüpft und mit Hilfe der passenden Fragen das Gespräch auf eine Zielrichtung führt. Der Berater sollte keine direkten Lösungsvorschläge aufbringen, sondern die Kenntnisse und die Zielsetzung des Kunden stärken und aufbauen. Der Kunde sollte sich immer wohl fühlen und immer das Gefühl haben, Unterstützung an seiner Seite zu haben.

3.3 Gesprächsverlauf

Vor dem Gespräch lege ich mir die Daten der Kundin, die ich schon habe zurecht und habe einen Notizblock und einen Stift bei mir. Sobald die Kundin das Zentrum betritt, gehe ich aktiv auf Sie zu und begrüße die Dame.

Ich: „Guten Abend Frau M., ich bin J. und Sie haben heute einen Termin bei mir. Haben Sie denn gut zu uns ins Zentrum gefunden?"

(Als Beraterin gebe ich ihr die Hand zur Begrüßung und habe immer ein Lächeln im Gesicht. Zudem achte ich auf eine aufrechte und offene Körperhaltung).

Frau M.: „Hallo Frau K., vielen Dank, ich bin gut mit dem Auto durch die Stadt gekommen, es war heute mal wenig Verkehr."

Ich: „Das ist ja erstaunlich bei diesem Stadtverkehr, aber schön, dass sie es geschafft haben. Kommen sie doch gerne mit in das Büro, dort können wir uns in Ruhe unterhalten. Darf ich Ihnen etwas zu Trinken anbieten?"

Frau M.: „Ja sehr gerne. Ich würde einen Cafe nehmen, vielen Dank!"

Ich: „Einmal hier der Cafe. Frau M., was führt Sie denn heute zu uns ins Gesundheitszentrum?"

Frau M.: „Ich habe früher regelmäßig Sport gemacht. Seit allerdings meine Kinder auf der Welt sind, hatte ich dafür keine Zeit mehr und versuche nun wieder etwas abzunehmen. Allerdings weiß ich nicht, wie mir das gelingen soll!"

Ich: „Okay, ich helfe Ihnen sehr gerne dabei, ihr Ziel anzugehen. Ich hätte da zunächst noch ein paar Fragen an Sie, um mir einen Überblick über Ihre Situation zu verschaffen. Wie sieht denn ihr Alltag aus? Beruflich und Privat?"

Ich stelle einige Fragen, um möglichst viel über Frau M. zu erfahren, damit ich eine Orientierung habe. Hierbei gehe ich nach der OPAL (Orientierungsfragen, Problemfragen, Auswirkungsfragen und Lösungsfragen) vor (Menthe & Sieg, 2013, S. 103). Nebenbei mache ich mir in meinem PC Notizen über ihre Informationen. Ganz wichtig ist es, dass ich nicht die ganze Zeit auf den PC schaue, sondern Blickkontakt halte und auch lächle und ihre Aussagen alle annehme.

Frau M.: „Ich arbeite als Sekretärin in der Stadtverwaltung und arbeite 20 Stunden in der Woche. Ich habe mittlerweile zwei Kinder und da bleibt kaum Zeit für sportliche Aktivität. Ich bringe die beiden in der Früh in den Kindergarten und in die Schule, sie sind 4 und 7 Jahre alt, danach gehe ich in die Verwaltung. Nach der Arbeit hole ich die Kleine aus dem Kindergarten und fange dann zu Hause mit dem Kochen an. Da es meistens schnell gehen muss, wird das Essen nicht so ausgewogen. Und dann muss ich ja auch noch das Haus in Schuss halten, den Garten pflegen und die Kinder zum Turnen und Reiten bringen. Und mein Mann möchte natürlich auch noch Aufmerksamkeit. Dabei bleibt für mich selbst kaum Zeit übrig und irgendwann muss ich ja auch mal Schlafen. Ab und zu finde ich dann noch etwas Zeit mit ein paar Freundinnen aus der alten Schulzeit zu unternehmen."

Ich: „Das ist ja eine ganze Menge. Da kann ich Sie vollkommen verstehen. Eine Familie fordert da ganz ordentlich. Wie kamen Sie denn zum Entschluss, dass sie nun Ihr Gewicht reduzieren möchten?"

Frau M.: „Naja, man wird auf der Straße doch ab und zu mal blöde angeschaut. Auch wenn ich den Berg hochlaufe, muss ich öfter mal stehen bleiben, um mal durchzuatmen. Zudem möchte ich meinem Mann auch ganz gerne mal wieder so richtig gefallen. Er sagt nicht, dass er mich zu dick findet, aber ich fühle mich bei meinem eigenen Anblick einfach nicht mehr wohl."

Ich: „Das ist verständlich. Sie wollen sich selbst ja auch wieder wohl fühlen. Das hohe Gewicht kann ja auch zu einem gesundheitlichen Problem werden. Wissen sie das?"

Frau M.: „Ja, man hört und liest ja auch immer mehr beim Arzt was alles passieren kann. Aber da man ja das selbst alles noch nicht hat, macht man sich erstmal nicht mehr so viele Gedanken darüber."

Ich: „Das Problem ist, dass Übergewicht wirklich zu vielen gefährlichen Erkrankungen führen kann, sei es Diabetes Typ 2, Schmerzen oder Herz Kreislauferkrankungen aller Art!"

Frau M.: „Da haben Sie Recht. Und das möchte ich auf keinen Fall. Ich möchte meinen Kindern ja auch weiterhin noch eine Mutter sein. Ich möchte das ganze nun wirklich mal effektiv angehen."

Ich: „Das ist super Frau M.. Wenn Sie jetzt mal daran denken, wie sich eine Gewichtsreduktion auf ihr zukünftiges Leben auswirkt, was fällt Ihnen denn dazu ein? Welche Vor- und Nachteile fallen Ihnen denn auf?"

Frau M.: „Also sollte ich mein Gewicht reduzieren, würde ich mich auf alle Fälle besser fühlen, ich kann mich wieder zeigen und wäre natürlich auch deutlich beweglicher. Ich könnte wieder mit meinen zwei Kleinen auf dem Spielplatz rumtoben, ohne dabei gleich wieder außer Atem zu sein. Das Risiko zu Erkrankungen sinkt natürlich auch. Und ich kann mich meinem Mann mal wieder in einem Bikini zeigen, das wäre wirklich schön. Was ich zu Bedenken habe ist allerdings der Zeit- und Kostenfaktor. Da gibt es natürlich Lösungen und Wege aber die Bedenken sind trotzdem da. Wenn ich jetzt gesund koche und dann noch Sport mache, wo bleibt dann die wenige restliche Freizeit, die ich jetzt noch habe."

Ich: „ Ich habe das mal mitnotiert. Sie können sehen, dass die positiven Dinge überwiegen. Als sie mir das erzählt haben, haben sie auch richtig glücklich gelächelt. Für den Kosten- und Zeitfaktor lässt sich eine gute Lösung finden und zusammen erarbeiten. Welches Ziel an Gewichtsabnahme haben Sie sich denn vorgestellt.

Frau M.: „Ich hab da eine Hose zu Hause, die hatte ich bei dem ersten Treffen mit meinem Mann an, in die würde ich so gerne wieder passen. Dafür müssten bestimmt so 25 kg runter."

Ich: „Das ist doch mal ein gutes Ziel. Fotografieren Sie die Hose doch mal und bringen sie das Bild zum nächsten Termin mit. Wir sollten uns am Anfang erst einmal ein kleines Ziel setzten und dann Schritt für Schritt weiterarbeiten. Ich würde mit Ihnen am Anfang eine BIA Messung machen, um einfach mal die Daten sichtbar zu haben. Daraufhin würde ich mit Ihnen ein Ziel erarbeiten, dass jetzt für die ersten vier Wochen realisierbar ist, so dass sie noch genug Zeit für ihre Freundinnen und ihre Familie haben. Es ist aber auch wichtig, dass sie sich Zeit für sich selbst nehmen, um ihr Ziel zu verfolgen und zu erreichen. Wie viel Zeit würden Sie denn in der Woche für das Training investieren? Und würde sie ein Gruppentraining interessieren?"

Frau M.: „Ich muss definitiv etwas ändern! Naja ich denke, ich kann schon zweimal die Woche für 1,5 trainieren, das sollte ich hinbekommen. Ich würde mir das Gruppentraining denke ich auch mal ansehen, ich hoffe, ich bin nicht zu schlecht dafür. Das mit der BIA Messung klingt gut, wird diese dann auch irgendwann wiederholt?"

Ich: „Ja, natürlich, wir wiederholen die Messung in ca 5 Wochen zum ersten Mal, um auch mal den Erfolg der letzten Wochen zu sehen, dann bleibt Ihnen Ihr Ziel auch vor Augen. Ich habe hier den Gruppenkursplan für Sie, nehmen Sie ihn ruhig mit nach Hause, dann können Sie sich die Gruppen mal in Ruhe durchlesen. Zudem habe ich hier noch ein kleines Rezeptheftchen von unserer Ernährungsberaterin für Sie. Nehmen Sie sich doch mal die Zeit und probieren sie et-was davon aus, da wird sich die Familie bestimmt auch darauf freuen."

Frau M.: „Ach, das ist super, das werd ich gleich Morgen mal testen. Ich bin sehr gespannt, wie das alles wird. Vielleicht kann ich dann bald auch mal wieder richtig schön shoppen gehen!"

Ich: „Das klingt super. Wissen Sie was, wenn sie das erste Ziel erreicht haben und bis zur nächsten BIA Messung 4kg verloren haben, dann gönnen Sie sich doch ein neues schickes Oberteil! Das können Sie dann auch schon eine Größe kleiner kaufen. Dann habe ich hier noch Ihren Termin für die BIA Messung und den Trainingsstart mit mir. Übermorgen um 17:30 Uhr hier im Zentrum. Dann wünsche ich Ihnen noch einen wundervollen Abend und wir sehen uns am Donnerstag!"

Frau M.: „Vielen Dank Frau K., ich habe mich sehr wohl gefühlt. Am Don-   nerstag komme ich ganz sicher! Bis dahin!"

4 Literaturverzeichnis

Argyle, M. (2013). *Körpersprache et Kommunikation. Nonverbaler Ausdruck und so ziale Interaktion.* Fachbuch Nonverbale Kommunikation, 10., (überarb. Neuauf lage). Paderborn: Junfermann.

Bandura, A. (1997). *Self-efficacy: The Exercise of Control.* New York: Freeman.

Becker A, Watson W, Ferguson A. Dimich-Ward H, Chan-Yeung M (2004). *The Cana dian asthma primary prevention study: outcomers* at 2 years. J Allergy Clin Im munol, 113 (4): 650-6.

Buhl R, Berdel D, Criee C.-P., Gillissen A, Kordos P, Kroegel C et al. (2006) *Leitlinie zur Diagnostik und Therapie von Patienten mit Asthma.* Pneumologie 60:139-183.

Dohnke, B., M.-Fahrnow, W. & Knäuper, B. (2006). Der Einfluss von Ergebnis- und Selbstwirksamkeitserwartungen auf die Ergebnisse einer Rehabilitation nach Hüft-gelenkersatz. *Zeitschrift für Gesundheitspsychologie,* 14 (1), 11-20.

Egger, J. W. (2015). *Integrative Verhaltenstherapie und psychotherapeutische Medizin .* Wiesbaden: Springer.

Fink, G., Kaye, C., Blau, H. Et al. (1993) *Assesement of exercise capacity in asthmatic child ren with various degrees of activity.* Pediatr Pulmonol. 15 41-43.

Gölz, C., Schwarzer, R. & Fuchs, R. (1998). Selbstwirksamkeit zu gesunder Ernährung: Erprobung eines Meßinstruments an Patienten mit Fettstoffwechselstörungen. *Journal of Puplic Health, 6 (1), 34-43.*

Hofbauer, G. & Hellwig, C. (2018) *Studienbrief Beartungs- und Servicemanagement* (rev. 19.015.000). Saarbrücken: Deutsche Hochschule für Präventions und Ge sundheitsmanagement.

Jerusalem, M. & Schwarzer, R. (2002). *Das Konzept der Selbstwirksamkeit.*In M. Jeru salem & D. Hopf, Selbstwirksamkeit und Motivationspreozesse in Bildungssi tuationen (S. 28-53). Zeitschrift für Pädagogik, Beiheft, 44. Weinheim: Beitz Verlag.

Kaiser U, Pleyer K. *Rehabilitation, Patientenschulung und Sport in der Langzeitbe handlung von Asthma und Allergien.* Notfall & Hausarztmedizin. 2005, 31 S.98-104.

Menthe, T., Sieg, M., (2013). *Kundennutzen: Die Anwendung im Verkaufsgespräch.So verhandeln Sie wert- und nutzenorientiert.* Wiesbaden: Springer

Petermann, F. (2003). *Ratgeber Asthma Bronchiale. Information für Betroffene und An gehörige.*(Band 4). Göttingen. Bern. Toronto. Seattle: Hogrefe Verlag für Psy chologie .

Schäfer T., Borowski C., Diepgen TL, Hellermann M., Piechotowski I, Reese I, Roos T, Schmidt S, Sitter H, Werfel T, Gieler U (2004). *Evidenzbasierte und konsentier te Allergieprävention* . J. Dtsch Dermatol Ges, 2 (12): 1030-6, 1038.

Schneider, J. & Rief, W. (2007). Selbstwirksamkeitserwartungen und Therapieerfolge bei Patienten mit anhaltender somatofomer Schmerzstörung (ICD-10: F45.4). *Zeitschrift für Klinische Psychologie und Psychotherapie.* 36 (1), 46-56.

Schwarzer, R. (2004) *Psychologie des Gesundheitsverhaltens* (3. Auflage). Göttigen: Hogrefe Verlag.

Wirth, B.P. (2006). *Alles über die Menschenkenntnis, Charakterkunde und Körperspra che. Von der Kunst mit Menschen richtig umzugehen* (5. Auflage). Heidelberg: MVG.

5 Abbildungs- und Tabellenverzeichnis

5.1 Abbildungsverzeichnis

5.2 Tabellenverzeichnis